大家小小书
篆刻　程方平

中国历史小丛书

新编历史小丛书

新编历史小丛书

海瑞的故事

吴晗 著

北京出版集团公司
北京人民出版社

目　　录

Ⅰ. 海瑞的故事

Ⅱ. 论海瑞

Ⅰ. 海瑞的故事

再版题记

这本小册子是把三篇文章合在一起编成的。

第一篇《海瑞的故事》发表在《新观察》。第二篇《清官海瑞》，发表在《北京日报》，署名赵彦。第三篇《海瑞骂皇帝》，发表在《人民日报》，署名刘勉之。为了便于读者阅读，这次重版，把文中一些生僻的文字和名词，做了些注释和修改，内容也做了些调整。

吴晗1962年4月

一、海瑞的故事

（一）

海瑞的时代，是明封建王朝从全盛走向衰落的时代。他生在正德九年，死于万历十五年（1514—1587），一生经历了正德、嘉靖、隆庆、万历四个皇帝。这几十年中，社会情况发生了很大变化，土地更加集中了。皇帝侵夺百姓的土地，建立无数皇庄，各地亲王和勋戚、贵族、大官僚都有庄田，亲王的庄田从几千顷到几万顷。嘉靖时的宰相严嵩和徐阶都是当时最大的地主。万历时期有一个地主的田地多到七万顷。农民的土地被地主所侵夺，沦为佃农、庄客，过着牛马般的生活。庄园的庄头作威作福，欺侮百姓。贵族和官僚的家里养着无数的奴仆，有的是用钱买的，有的是农民不堪赋役负担，投靠来的。他们终年为主人服役，除家庭劳役外，有的学习歌舞、演戏，有的纺纱织布，四处贩卖，有的替主人经营商业，开设店铺，没有工资，也没有自由，世代子孙都陷于同一命运。国家所控制的人口减少了，因为一方面农民大量逃亡，流散四方，另一方面一部分人口沦落为奴仆，户口册上的人口数字日渐减少。同时土地的数字也减少了，这是因为农民流亡，田地抛荒；庄田数目越来越大，庄田主的贵族和官僚想法不交或少交钱粮，这样，向国家缴纳地租的土地就越来越少。更严重的是中小地主和上中农为了逃避赋役，隐蔽在大地主户下，大地主的土地越多，势力越大，把应出的赋役分摊在农民的头上，农民的负担便越重，阶级矛盾便越尖锐。

这个时期，是阶级矛盾日益尖锐的时期。

贪污成为政治风气，正德时刘瑾和他的党羽焦芳等人，公开索取贿赂，嘉靖时的严嵩父子、赵文华、鄢懋（yān mào）卿等人，从上到下，都要弄钱，不择手段。以知县来说，附加在田赋上的各项常例[①]就超过应得的薪俸多少倍；上京朝见，来回路费和送京官的贿赂都要农民负担。徐阶是当时有名的宰相，是严嵩的对头，但是，他家就是松江最大的富豪，最大的地主，也是最大的恶霸。

京官、外官忙于贪污，水利没有人关心了，许多河流淤塞了。学校没有人关心了，府县学的生员名为学生，到考试时才到学校应付。许多农民产业被夺，田地没有了，却得照旧纳税，打官司的人愈来愈多了。

这个时期是政治最为腐败，贪污成为风气的时期。

也正是这个时期，倭寇（日本海盗）猖獗（chāng jué，闹得很凶的意思），沿海一带，经常受到倭寇的威胁。浙江福建两省被倭寇侵略最严重。明朝政府集中了大量兵力，把这两省合成一个防御性的军事体系，设总督[②]管辖军事。军队增加了，军饷相应增加，这些负担也自然落在农民身上。

大地主的兼并，官吏的贪污，倭寇的侵略，使得农民生活日益困苦。表面上熙熙攘攘，一片繁荣景象，骨子里却蕴藏着被压抑的千千万万农民的愤怒，一触即发。

海瑞的时代就是这样一个时代。

（二）

海瑞任浙江淳安知县的时候，总督是严嵩的亲信胡宗宪。

淳安是山区，土地贫瘠，老百姓都很穷，山上只产茶、竹、杉、柏，山下的好田地都被大族占了，老百姓穷得吃不上饭。这个县又处在新安江下游，是水陆交通的枢纽，朝廷使臣，来往官僚过客，都要地方接待。例如经过一个普通官，就要用银二三十两；经过巡盐御史、巡按御史等监察官员[③]，要用银一二百两；巡抚[④]出巡，则要用银三四百两。这都要百姓赔垫。他们坐船要支应船夫，走陆路要支应马匹夫役。地方穷，负担重。

有一次，胡宗宪的儿子经过淳安，仗着是总督公子，作威作福，嫌驿站（传递文书的站）的马匹不称心，供应不周到，大发脾气，喝令跟人把驿吏捆了，倒挂在树上。驿站的人慌了，跑到县衙要办法，海瑞说：“不慌，我自有主张。”他带人走到驿站，一大堆人在围着看热闹。鲜衣华服的胡公子还在指手画脚骂人，一看海瑞来，正要分说。海瑞不理会，径自进驿站去，一看胡公子带的大箱子小箱子几十个，都贴着总督衙门封条，就有了主意。立刻变了脸色，叫人把箱子打开，都沉甸甸的，原来装着好几千两银子呢。海瑞对着众人说：“这棍徒真可恶，竟敢假冒总督家里人，败坏总督官声！上次总督出来巡查时，再三布告，叫地方上不要铺张，不要浪费。你们看这棍徒带着这么多行李，这么多银子，怎么会是胡总督的儿子，一定是假冒的，要严办！”

把几千两银子都充了公，交给国库，写一封信把情由说了，连人带行李一并送交胡宗宪。胡宗宪看了，气得说不出话，怕海瑞真的把事情闹大，自己理屈，只好算了，竟自不敢声张。

海知县拿办总督公子的新闻轰动了淳安，传遍了东南，老百姓人人称快，贵族官僚子弟个个头痛，骂他不识时务。

更使人高兴称快的是另一件事：海瑞挡了都御史的驾，拒绝他入境。这在当时说来，是件了不得的骇人听闻的大事。

鄢懋卿是当时宰相大奸臣严嵩父子的亲信，嘉靖三十五年（1556）以左副都御史的身份，出京来总理两浙（浙东、浙西）、两淮（淮南、淮北）、长

这棍徒真可恶，竟敢假冒总督家里人

芦、河东盐政。

都察院左副都御史是朝廷最高级的监察官员之一，出巡地方时是钦差[5]，掌握着进退升降官吏的建议权。总理盐政是名目，实质上是皇帝要钱用，叫他从产盐、卖盐上打点主意，多搞些钱。

鄢懋卿以监察官、钦差大臣的身份，加上有严家父子做靠山，一到地方，威风得很，利用职权，收受贿赂，给钱的是好官，给多的便答应升官，给少的便找题目磨难，非吃饱了不走。总之，不管官大官小，什么地方，什么官，非给他钱不可，非给够了不走。不这样做，除非不打算做官才行。

不只送贿赂，还要大大地铺张供应、迎送。地方长官巡抚、按察使、知府[6]、知县，大大小小都得跪着接送。吃饭要供应山珍海味，住处要张灯结彩。在扬州，地方请吃饭，一顿饭就花了一千多两银子。他还带着老婆一起，老婆坐五彩搭的轿子，用十二个女子抬。连厕所都用锦缎做垫，便壶都用银子做。

一天，轮到要巡查严州（今浙江建德）了，要路过淳安。全县人都焦急，不知怎么办才好。

钦差、监察官、地方长官到地方巡查，照例都要发一套条约或告示，说明来意和地方应注意事项，并且大体上也都按着老规矩，照前任的抄一遍。告示内少不得要说些力戒铺张、务从节俭等冠冕堂皇的话。海瑞研究了好久，一想对了，即以其人之话还治其人之身。便对差官说，淳安地方小，百姓穷，容不下都老爷的大驾，请从别处走吧，省得百姓为难。他亲自写一封信给鄢懋卿，信上说：

细读您的布告，知道您一向喜欢简朴，不喜欢逢迎。您说“凡饮食供应，都应俭朴，不要过分奢侈（chǐ），浪费人民钱财。”您又说，“现在民穷财尽，宽一分，人民就得一分好处，一定要体谅。”您的种种恳切的教导，说的很多。我相信您的话是为国为民，是从心里说出来的，绝非空话。

但是，您奉命南下以后，沿途情

况，浙江派的前路探听的人都说，各处都办酒席，每席要花三四百两银子，平常伙食都是山禽野味，不易弄到的东西。供应极为华丽，连便壶都用银子做。这种排场，是和您颁行的布告大大相反的。

都察院长官出来检查盐政，是少有的事。因为少有，所以百姓有疾苦的要来告状，有贪酷行为的官要改心，百姓也会得到少有的好处。现在情况是州县怕接待不周到，得罪都察院长官，极力买办。百姓为出钱伤脑筋，怨声不绝。百姓没有得到少有的好处，反而苦于少有的破费。这可能是地方官属奉承您，以为您喜欢巴结、不喜欢说实话，揣摩错了您的真正用心吧。

盐法毛病，我晓得一些，没有全盘研究，不敢乱说。只是这一件事，是我耳闻目见的。您如来了，东西准备了，纵使您一概不受，但是东西既然买了，必然要用许多钱，百姓怨恨，谁当得起？地方官属以今时俗例来猜测您，我又很怕您将来会因为地方官属瞎张罗，不利于执守礼法，而后悔不及。这个害比盐法不通还要大，所以敢把这些意见一一告诉您。

义正词严，话又说得很委婉。鄢懋卿看了，气得发抖，想寻事革掉他的官，但他是清官，名声好，革不得。就此过去，又气不过。只好放在心中，把这封信藏起来，批“照布告办”，严州也不去了。

严州知府正忙着准备迎接，听说都老爷忽然不来了，正在纳闷，怕出了什么岔子。后来才知道是海知县写了信，惹了祸。怕连累自己，大怒，海瑞一进来，就拍桌子大骂："你多大的官儿，敢这样！"骂不停口。海瑞不说一句话，等骂完了，气稍平了，作了一个揖就走，以后也不再说什么。等到鄢懋卿巡查完了，走了，严州府上下官员一个也没出事，知府这才放了心，过意不去，见海瑞时连说："好了淳安百姓，难为了你，难为了你！"

鄢懋卿恨极海瑞，要报复，叫他管下的巡盐御史袁淳想主意。袁淳也是恨海瑞的，他巡查地方时，海瑞照规矩迎送，迎的不远，送的也不远，供应不丰富，有什么需索，也是讨价还价。这回正好一举两得，也报了自己的私仇。这时海瑞已得朝命升任嘉兴通判（知府的副职），便找一个公文上的手续不对，向朝廷告发，把海瑞降职为江西兴国知县。

（三）

海瑞从江西调到北京，后来又调到南京做了几年官，在隆庆三年（1569）六月才被派为江南巡抚，巡抚衙门设在苏州。第二年四月被革职回家，只做了半年多巡抚。

他最恨贪污，一上任，便发出布

告，严禁贪污，打击豪强。他敢说敢做，连总督、都御史都不怕，谁还敢不怕他。属下的地方官员有贪污行为的听说他来了，吓得心惊胆战，罪恶较大的赶忙自动辞官。有的大族用朱红漆大门，一听海都堂要来，怕朱红大门太显耀，连夜把大门改漆成黑色。管织造的太监，常时坐八人轿子，这时吓得减去一半。大地主们知道海瑞一向主张限田，要贯彻均平赋税的主张，实行一条鞭法⑦，也都心怀鬼胎，提心吊胆，时刻不安。

他在做江南巡抚的几个月中，主要做了两件大事。一件是“除弊”，一件是“兴利”。

除弊，主要的是打击豪强，打击

要大地主把侵占农民的田地
退出一部分还给农民

大地主，要他们把非法侵占农民的田地退出一部分还给农民。

擒贼要先擒王，江南最大地主之一是宰相徐阶，这时正罢官在家。海瑞要他家退田，徐阶只好退出一部分。海瑞不满意，写信给徐阶，要他退出大半，信上说：

看到您的退田册，更加钦佩，您是这样使人意想不到的大贤大德。但是已退的田数还不很多，请您再加清理，多做实际行动。从前有人改变父亲的做法，把七个屋子储藏的钱，一会儿便都散光了。您以父亲的身份来改正儿子的做法，有什么做不到的呢？

把非法侵占民田的责任算在他儿子账上，给他留点面子。

这样做，朝廷大官和地方乡官都怕了，人人自危，怨声四起。海瑞在给李石麓（lù）阁老的信中说：

存翁（徐阶）近来受了许多小人的累，很吃了点苦头。他家产业之多，真叫人惊奇，吃苦头是他自取的。要不退出大半，老百姓是不会甘心的。有钱人尽干坏事，如今吃了苦头，倒是一条经验。我要他退出大半田产，也正是为他设想，请不要认为奇怪。

官僚舆论说他矫枉过正，搞得太过火了，他说并不过火。在给谭次川侍郎的信上说：

矫枉过正，是从古到今一样的道理，不严厉的改革，便不能纠正过错。我所改革的都不是过正的事，一定会办好，请放心。

又说：

江南粮差之重，天下少有，古今也少有。我所到过的地方，才知道所谓富饶全是虚名，而苦难倒很严重，这中间可为百姓痛苦，可为百姓叹息的事，一句话是说不完的。

他不但要坚持下去，还要进一步解除百

姓的痛苦，可惜几个月后，他便被革职丢官了。

徐家的田退出，徐阶的弟弟徐陟，做过侍郎，为非作歹，残害百姓，海瑞把他逮捕了依法制裁。地方官奉行政令，不敢延误，大地主们走不动的只好依法退田，有的便逃到别的地方避风头。穷人田地被夺的都到巡抚衙门告状申诉，海瑞一一依法判处。老百姓欣喜相告，从今以后有活路了。地主官僚却非常恨海瑞，暗中组织力量，制造舆论，要把他赶走。

退田只是帮助穷民办法的一种，另一种有效的办法是清丈，把土地的面积弄清楚了，从而按每块土地等级规定租税。以此，海瑞做知县、做巡抚，都以清丈为第一要事，在这基础上，贯彻一条鞭的法令，在一条鞭规定所应征收的以外，一毫不许多取。这对当时农民来说，是减轻徭役，明确负担，提高生活，发展生产的有效措施，是对人民的德政。

兴利是兴水利。江苏的吴淞江泄太湖之水，原来沿江的田亩，都靠这条江水灌溉。年代久了，没有修治，江岸被潮水冲蚀，通道填淤，一有暴雨，便成水灾，淹没田亩，水利成为水害。海瑞在亲自巡行调查之后，决定修治，正月兴工，同月又修治常熟县的白茆（máo）河、杨家滨等河，结合赈济饥民，用工代赈；他亲自坐小船往来江上，监视工程的进行，不久就都完工了，人民大得好处。原来老百姓是不敢指望开河的，一来想这样的政府不会做这样的好事，二来想要做也无非要老百姓出钱。因此，流传的民谣中有两句话说：“要开吴淞江，除是海龙王。”意思是永世也开不了。现在人民的愿望实现了，河修好了，没有花老百姓一个钱。

在朝官僚，在野的乡官大族都恨海瑞。过往官僚因为海瑞裁节交通机构过多的费用，按制度办事，奉朝命该供应马匹和交通工具的只按制度供应，节约民力和费用，凭人情但是不合制度的一概不供应，不管你是什么来头，这样一来，这些人受了委屈，也恨海瑞。他们先后向皇帝告状，说他偏，说他做的太过火，说他包庇坏人，打击乡绅，只图自己有个好名声，破坏国家政策。海瑞成为大官僚、大地主的公敌，被夺去巡抚职权，改督南京粮储，专管粮饷。这时，高拱作宰相，海瑞骂过他，他也是恨海瑞的，又把管粮的职务归并到南京户部[8]，这样，海瑞的职权全被剥夺，只好告病回家了。

在排挤、污辱、攻击海瑞，保卫自己的利益的这群朝官中，吏科给事中[9]戴凤翔是个代表人物。他向皇帝告状，说江南在海瑞的治理下，百姓成为老虎，乡官是肉，海瑞叫百姓拿乡官当肉吃，把乡官弄苦了。海瑞很生气，立刻回击，也上疏[10]给皇帝说：

华亭县（今上海市松江县）乡官田宅特别多，奴仆特别多，老百姓十分怨恨。这种情况，恐怕在全国各地都找不出……老百姓告乡官霸占田产的有几万人……二十年以来，地方府县官都偏听乡官、举人、监生[11]的话，替他们撑腰，弄得老百姓的田产一天天少下去，乡官却一天天富起来……戴凤翔说百姓是老虎，乡官是肉。他却不知道乡官已经做了二十多年老虎，老百姓做了二十多年的肉。今天乡官的肉，本是老百姓原有的肉；原先被抢走，如今还出来，本来也不是乡官的肉啊！何况过去乡官抢占老百姓十分，如今只还一分，还得并不多，却就大叫大闹了。我看凤翔在家乡，也是这样的乡官。

话说得非常锋利，有力量，既说明了情况，也指出了问题。乡官二十多年来做老虎吃老百姓，你们不说话。如今只要乡官还给老百姓原来属于他们自己的一点田地，而且只还了十分之一，你们就说老百姓是老虎吃乡官了。就说是肉吧，也是老百姓原有之肉，先前你们硬夺老百姓的肉，如今就该还，这有什么值得大惊小怪的。末了，一针见血地指出，戴凤翔替乡官诉苦，这些是乡官的话，也是戴凤翔自己的话，戴凤翔要是不在朝，住在家里，也一定是只专吃老百姓的老虎。

海瑞不断遭到乡官在朝代言人的

攻击，很愤慨。他给人的信中说："一切计划，只有修治吴淞江的水患，因进行得快而成功了，其他都是将近成功就中止，怎么办，怎么办！这等世界，做得成什么事业！"给皇帝告养病的疏中说，在他巡抚任上所行兴利除害的一些办法，都是采访人民意见、研究过去制度而规定的，要求不要轻易改变。并说宰相光听一些不负责任的话，多议论，少成功，靠不住；满朝大官都是妇人，皇上不要听信他们。用"妇人"骂人，是封建时代的错误看法。用"妇人"骂人，而且把满朝大官一概骂尽，也是很不策略的。但是由此可见他的愤慨程度；同时也说明了海瑞这次罢官以后，在朝掌权的人一连十几年都没有理会他，连万历初年名相张居正也不肯起用他。

是的，像海瑞这种爱护人民，一切为老百姓着想，不怕封建官僚势力，不要钱，不怕死的清官，在靠剥削人民存在的封建社会里，又怎么能站得住脚，做得成什么事业呢！

注释：

①常例是一种附加税，津贴知县用费，变相的但又是合法的贪污行为。

②总督是地方的最高长官，辖一省或二三省，总揽军民要政。

③都察院是朝廷负责纠察弹劾的衙门，都御史、左右副都御史是都察院的正副长官。其下有佥都御史。这些都

是都察院的高级监察官员。另外，对地方各道派有监察御史，按其工作性质分巡按御史（管司法）、巡盐御史（管盐政）、提学御史（管教育）等。巡按御史出巡时亦称按院。

④巡抚是比总督低一级的地方高级官员，管一省的军事和政治。也称抚台、都堂。

⑤钦差是由皇帝特派出京，代表皇帝查办政务的官员。

⑥明朝的时候，办理一省刑政和检查官员纪律的机关叫提刑按察使司，简称按察司，长官叫作按察使。明时一省分几个府，一府管几个州、县，府的长官叫知府。

⑦一条鞭法是明朝万历年间，把

丁役、土贡等都归并在田赋内，按亩征收的一种收税办法。

⑧明朝自永乐皇帝迁都北京后，仍在南京保留中央政府的组织，和北京同时设有吏、户、礼、兵、刑、工六部，分管各有关的政务。各部的长官叫作尚书，副长官叫作侍郎。户部是管财政经济的。

⑨管检查吏部工作的官员。

⑩封建时代臣下向皇帝陈述事情的报告叫“疏”。

⑪科举取士制度，规定每隔三年开一次乡试，应乡试的是有秀才或监生资格的人，乡试取中的就称为举人。监生，即是对有入国子监读书资格的人的简称。

二、清官海瑞

海瑞反对浪费，反对贪污，廉洁俭朴，是明朝著名的清官，也是封建时代著名的好官。

他以举人任福建延平府南平县儒学教谕[1]，一到任便申明教约：学生除参见拜揖外，不许送礼；送酒食请先生吃的俗例，一概不许举行。上官觉得很奇怪，后来弄清楚了，对他十分敬重。

提学御史到学宫行礼，县官和县学训导都跪着迎接，只有海瑞站着，不

只有海瑞站着，不肯跪

肯跪，说这是学校，是师长教学生的地方，不是衙门，不应该跪。他正好站在两个训导中间，人们传开了，叫他“笔架博士”。

嘉靖三十七年（1558）他升任浙江淳安知县。研究了县里情况，知道人民痛苦万状，叹气说：“天下事都被秀才官做坏了。不只是不才的官，贪污残暴，专门弄钱；就是好官，也是公道和私心，时时在心中斗争，常常搜刮民脂民膏来拉拢朋友，博取好名声。百姓穷了，又都说是朝廷赋税重。我看不可以这样说，因为赋税虽重，还有定额，离十中收一不远；可是额外的无名的负担却多得不得了，这并不是朝廷规定的，是地方上自己规定的！”明朝制度，知县薪俸不多，但按田粮里甲征收的常例却很多。海瑞把常例革了，只领应得的薪水。过去供应县衙都是里甲负担，每人每年要出四五两银子，海瑞算了账，每人只收两钱银子，一切用度，都在这笔钱上开销。上官下命令要县里送钱给境内的乡官，从前是要多少就得给多少的，海瑞却不然，看罚款积存情况，有就送一点，没有就不送。按当时规矩，知县上京朝见，要带许多金银绸缎，分送有关京官。老百姓都说，朝见年是京官收租的年头。这笔贿赂来源，旧例每年由百姓摊派，每里一两，淳安县有八十里，三年合计银二百四十两。外加朝见年的特别摊派，每人出银二钱，共银一百六十两。临行时，各里还得送礼，县官还可以从罚款和其他杂项中想主意，加上其他摊派，作为上京本钱。其中要送七十二两给知府，十二两给府里的官员，六两给府吏，其他便是知县自己的了。海瑞在任内上京两次，只用路费银四十八两，送吏十二两，造户口册十一两七钱五分，其他旧例，一概革除。巡抚、按院出巡，地方官必须送钱给这两个衙门的师爷，不这样做，会出祸事。海瑞坚决不肯，说：“充军也好，死罪也好，都甘心忍受，这等小偷勾当却干不得。”京中要人要送礼物，外官入京讲“交际”（实际是贿赂），当时人认为要做官，不这样做是不行的。海瑞说：“全天下的官都不给上官行贿，难道就都不升官？全天下

在衙门内空地里种蔬菜庄稼

的官都给上官行贿，又难道都不降官？怎么可以拿这个来自欺欺人呢！”他只靠月薪过活，穿的是布袍子，吃的是粗米饭，衙门里有空地，自己种菜，家人上山砍柴。他为母亲过生日，买了两斤肉；总督胡宗宪当作新鲜事，到处告诉人。

他离开淳安任所到吏部听调，大冷天还穿着一件破丝棉袍子，吏部[②]侍郎朱镇山劝他做件官服，才买了一件黄绢的袍子。

海瑞一生除有祖田十余亩以外，自己没有添置过田产。有人假冒海瑞的名义在他家乡琼州（在海南岛澄迈以东，会乐以北地带）一带放债买田，海瑞听到后便写信给琼州知府说：“我从

他知道了，不答应，一定要照实在田亩算

做官到现在，从未回过家，俸金收入，仅仅足用，此外别无分文放债，也没有添什么田产。请琼州知府严加查办。”海瑞从做教谕到巡抚，做了十八年官，只买了一所值一百二十两银子的住宅，还是从薪俸节余的钱存起来的，此外便什么也没有添置。田产只有祖传田十亩。清丈时县吏照顾他，少算一亩八分，他知道了，不答应，一定要照实算。一家吃用，都从这祖传的十亩田里出，时常吃不饱。同乡青年来谈学问，讲经义，实在饿狠了，只好用手按着肚子，一面还谈着话，客人走了，边谈边送，不让人知道他挨饿。

万历十三年（1585）海瑞被起用为南京吏部右侍郎，这时他已经七十二岁了。到任后，发现兵马司随便开票要坊（街）上人办公宴和其他支应。一调查，各衙门有三百多张票，都是要地方上供应，不付钱的。他叹一口气说：“南京人民，要支应南京千百个官员出入用度，这怎么得了，难怪百姓苦了。吏部是六部之首，怎么可以不为百姓设想。”立刻出布告禁革，连办事官吏共同凑的份子和新任贺礼，一概革除。不久，升南京都察院右都御史。万历十五年（1587）十月十四日，死在任上。死前三天，兵部送来柴火银子，多算了七钱，还叫人扣回去。死后，同官替他清点遗物，全部家财只有俸金十多两银子，绫、绸、葛各一匹，清苦得比一般寒士还不如。佥都御史王用汲（jí）

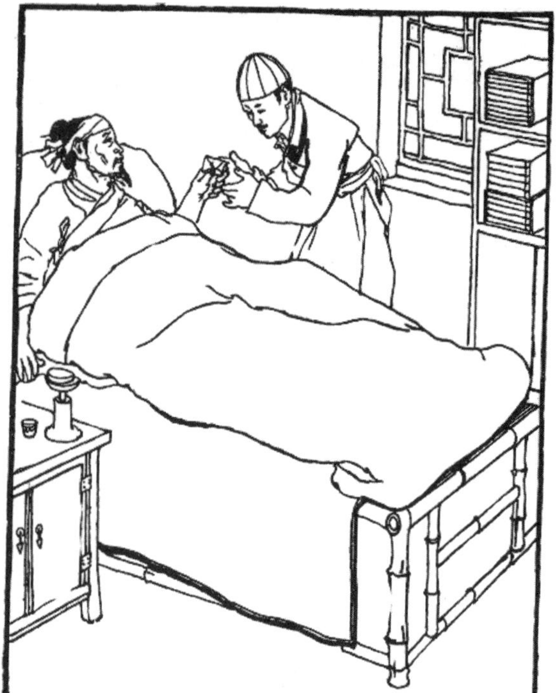

兵部送来柴火银子，多算了
七钱银子，还叫人扣回去

看了，忍不住哭出声来，和同官商量，大家凑一点钱，替他办丧事。

海瑞一生刚直，反对模棱两可、圆滑处世，自号刚峰，人们都称他刚峰先生。死后谥[3]忠介。在明朝末年，海忠介公是全国皆知的人物，特别是苏州、松江一带的人民，一提起海都堂，便喜笑颜开。恨他骂他的人也有，是少数人，是吃过他苦头的大地主和乡绅。

注释：

①明代各府、州、县设立有儒学，管理本地的学务。县学的正教官叫作教谕，副教官叫作训导。

②吏部掌管全国官吏的任免、升降等职务。

③封建时代按照一定的规则和条件，给死人立个名号，来表彰他的生平，叫作谥（shì）。一般是指的皇帝给死去的大臣取的号。忠介是海瑞死后的谥号。

三、海瑞骂皇帝

在封建时代，皇帝是不可侵犯的，连皇帝的名字都要避讳，一个字不幸成为“御讳”，就得缺笔闹残废，不是缺胳膊，就是缺腿，成为不全的字[①]。人们不小心把该避“御讳”的字写了正字，就算犯法，要吃官司，判徒刑。至于骂皇帝，那是很少听说过的事。真正骂过皇帝，而又骂得非常痛快的是海瑞。海瑞骂嘉靖皇帝最厉害的几句话是：“现在人民的赋役要比平常多许多，到处都是这样。您花了许多钱，用在宗教迷信上，而且一天比一天多，弄得老百姓都穷的光光的，这十几年来闹到极点。天下人民就用您改元的年号嘉靖，取这两个字音说，‘嘉靖’皆净，家家穷得干干净净，没有钱用。”这样大胆直接骂皇帝的话，不仅嘉靖当了几十年皇帝没有听见过，就是从各朝各代的古书上也很难找到。但却句句刺痛了他的要害，嘉靖又气又恼，十分冒火。

原来嘉靖做皇帝时间长了，懒得管事，不上朝，住在西苑，成天拜神作斋醮（jiào，宗教仪式），上青词。青词是给天神写的信，要写得很讲究，宰相严嵩、徐阶都因为会写青词得宠。政治腐败到极点，朝臣中有人提意见的，不是杀头，便是革职、监禁、充军，吓得没人敢说话。海瑞在嘉靖四十五年（1566）二月上的治安疏，便是针对当时的问题，向皇帝提出质问，要求改革。他在疏中说：

“你比汉文帝[②]怎么样？你前些年倒还做些好事。这些年呢，只讲修道，大兴土木。二十多年不上朝，滥派官职给人。跟两个儿子也不见面，人家以为你薄于父子。以猜疑诽谤杀戮（lù）臣下，人家以为你薄于君臣。尽住西苑不回宫，人家以为你薄于夫妇。弄得天下吏贪将弱，到处有农民暴动。这种情况，你即位初年也有，但没有这样严重。现在严嵩虽然罢相了，但是没有什么改革，还不是清明世界。我看你远不

海瑞上治安疏，向皇帝提出质问，要求改革

如汉文帝。”

嘉靖自比为尧，号尧斋。海瑞说他连汉文帝也不如，他怎么能不冒火。海瑞接着又说：

“天下的人不满意你已经很久了，内外大小官员谁都知道。

“你一意修道，只想长生不老，你的心迷惑了。过于苛断，你的性情偏了。你自以为是，拒绝批评，你的错误太多了。你一心想成仙得道，长生不老。你看尧、舜、禹、汤、文王、武王[③]哪个活到现在？你的老师陶仲文教你长生之法，他已经死了。他不能长生，你怎么能求长生呢？你说上天赐你仙桃、药丸，那就更怪了，桃、药是怎么来的呢？是上天用手拿着给你的吗？

“你要知道，修道没有什么好处，应该立即醒悟过来，每天上朝，研究国计民生，痛改几十年的错误，为人民谋些福利。

“目前的问题是君道不正，臣职不明，这是天下第一件大事。这事不说，别的还说什么！”

嘉靖看了，大怒，把奏本丢在地下，叫左右立刻逮捕海瑞，不要让他跑了。宦官黄锦在旁边说：“听说这人自知活不了，已向妻子做了临死告别，托人准备后事，家里的用人都吓得跑光了，他不会逃。这个人素性刚直，名声很大，居官清廉，不取官家一丝一粟，是个好官呢！”嘉靖一听海瑞不怕死，倒愣住了，又把奏本捡起来，一面读，

嘉靖一面读，一面叹气，下不了决心

一面叹气，下不了决心。过了好些日子，想起来就发脾气，拍桌子骂人。有一天发怒打宫婢，宫婢私下哭着说：“皇帝挨了海瑞的骂，却拿我们来出气。”嘉靖又派人私下查访，有谁和海瑞商量出主意的。同官的人都怕连累，看到海瑞就躲在一边，海瑞也不以为意，在家等候坐牢。

嘉靖有时自言自语地说：“这人真比得上比干[4]，不过我还不是纣王。”他叫海瑞是畜物，口头上和批处海瑞案件的文件上都不叫海瑞的名字。病久了，又有气，和宰相徐阶商量，要传位给太子，说：“海瑞的话都对，只是我病久，怎么能上朝办事呢？”又说，“都是自己不好，不自爱惜，闹了这场病。要是能上

海瑞得到广大人民的称誉、赞扬，被画像礼拜

朝办事，怎么会挨这个人的骂。”下令逮捕海瑞下狱，追查主使的人。刑部论处海瑞死刑，嘉靖也不批复。过了两个月，嘉靖死了，新皇帝即位，才放海瑞出来，仍回原职，做户部主事⑤。

海瑞大骂皇帝，同情他和支持他的人到处都是，他的名声越来越大了。万历十四年（1586），海瑞被人向皇帝诬告，青年进士⑥顾允成、彭遵古、诸寿贤替他辩诬申救，写的文章中说：“我们从十几岁时，就听说海瑞的名声，认为是当代的伟人，永远被人瞻仰，这是任何人都不能赶得上的。”这是当时青年人对他的评价。

*　　*　　*

海瑞在当时，是得到人民爱戴、

为人民所歌颂的。

他反对贪污，反对奢侈浪费，主张节俭，打击豪强，帮助穷人，主持清丈田亩，贯彻一条鞭法，裁革常例，兴修水利，这些作为对农民是有利的，农民爱戴他，歌颂他。他对城市人民，主要是商户，裁减派差派捐，禁止无偿供应物品，等等，这些措施对减轻城市工商业者的负担，是有好处的。城市人民也爱戴他，歌颂他。此外，他还注意刑狱，特别是人命案件，着重调查研究，在知县和巡抚任上，都亲自审案，处理了许多积案，判清了许多冤狱。海知县、海都堂是当时被压抑、被欺侮、被冤屈人们的救星。他得到广大人民的称誉、赞扬，被画像礼拜，被讴歌传颂。死后，南京人民罢市，丧船过江，两岸站满了穿白衣来送葬的人群，奠祭拜哭的百里不绝。他的事迹，主要是审案方面的故事，一直到今天，还流传在广大人民中。

在封建时代，海瑞是个清廉正直的官吏。他反对坏人坏事，支持好人好事。为了人民的利益，他坚决向反动黑暗势力斗争，百折不挠。他值得我们学习的地方，第一是明辨是非，第二是和黑暗势力斗争到底的精神。当然，海瑞是三四百年前封建社会的人物，他的是非观点同我们现在的是非观点并不完全一样，但是他的立场的鲜明与战斗精神的旺盛却是值得我们效法的。

注释：

①例如宋太祖名叫赵匡胤，“胤”字在其他地方用时要避“御讳”，少写一笔，写作“胄”。

②西汉皇帝。他执行减轻租役的政策，免收全国赋税十二年，促进了社会生产的发展，国家开始呈现富饶的景象。

③尧、舜、禹、汤、文王、武王都是我国上古时代或古代传说中的贤君。

④比干是殷纣王的叔父，因力谏纣王的荒淫残暴，而被剖心杀害。

⑤是户部的官员。

⑥科举取士制度，在乡试的次年

由取得举人资格的人，于北京举行会试。会试合格的，再由皇帝亲自主持一次考试叫作殿试。殿试结果，分为三甲，一甲仅三名，是状元、榜眼、探花，称“进士及第”；二甲称“进士出身”；三甲称“同进士出身”；统称进士。

Ⅱ. 论海瑞

看过《三女抢板》（或《生死牌》）的人，大概都记得那个挺身出来反对豪强，救了两家人性命的巡抚海瑞。这是民间流传关于海瑞的许多故事中的一个。海瑞究竟是什么样的一个人呢？

海瑞（1515—1587，明武宗正德十年—神宗万历十五年）是我国16世纪有名的好官、清官，是深深得到广大人民爱戴的言行一致的政治家。他站在农民和市民的立场上向封建官僚、大地主斗争了一生。

一、明朝人论海瑞

为了了解海瑞，让我们先看看当时的人们是怎样评论他的。

总的评论是当时的人民说他好，当时的大地主说他不好。

但是，有点奇怪，反对海瑞的人中间，有不少人也还是不能不称赞海瑞是好官，是清官，他是为民的，想做好事的，而且，也做了好事。

就明朝人的记载来看海瑞，梁云龙所作海瑞行状，除了叙述他的清廉，为百姓办好事的政绩以外，并说：

鸣呼！公之出、处、生、死，其关于国家气运，吾不敢知。

其学士大夫之爱、憎、疑、信，吾亦不敢知。

第以公之微而家食燕私，显而莅官立朝，质诸其所著“严师教戒”，一一契券，无毫发假。孔子所谓强哉矫，而孟子所谓大丈夫乎！古今一真男子也。

论者概其性甘淡薄，有采薇之风，天挺忠贞，有扣马之节，谓道以伯夷，信矣。然其视斯民由己饥寒，耻厥辟不为尧舜，言动必则古昔，称先王，莅官必守祖宗成宪，挫折不磨，鼎镬不避，即伊尹奚让？望之如泰山壁立，就之如春风太和，接谈无疾言，无遽色，临难无郁气，无忿容，棰楚子弟挞臧获，亦不见其厉色严声，即柳下惠奚加？

特其质多由于天植，学未进于时中，临事不无或过，而隘与不恭，盖亦有焉。

全面地评价海瑞，指出海瑞是这样一个人，言行一致，他的日常生活和政治作为，和所著《严师教戒》文章对证，一一符合，没有丝毫的假。是“强哉矫”，是大丈夫，是古往今来的一个真男子。

他生活淡薄，性格忠贞，看到百姓的饥寒认为是自己的过失，以他的皇帝不像尧舜那样为耻辱。一言一动都要说古代如何，先王如何。作官办事则坚守祖宗朝的成法。不怕挫折，不怕牺牲。又严峻，又温和，谈话的时候，说得不太快，也不摆出一副难看面孔，遭遇危难也不表现那样忿慨抑郁。连打小孩、打奴婢，也看不到他的厉色严声。

像伯夷，像伊尹，像柳下惠。

他的本性是天赋的，大概读的书和当时人不大一样，做事有时过了一些，窄了一些，以至有些不恭，这些毛病都是有的。

因为海瑞是被攻击谩骂，死在任上的，所以梁云龙很含蓄地说，这个人和时代的关系，他的出、处、生、死，和国家的关系如何，我不敢知道。学士大夫（封建统治阶级）对他的爱、憎、疑、信，对他的评价到底怎样，我也不敢知道。

梁云龙是海瑞的同乡，海瑞侄女的儿子，和海瑞关系很深，作行状时他在湖广巡抚任上，最了解海瑞。对海瑞的评价大体上应该是可信的。

此外，王宏诲的《海忠介公传》对海瑞也是大赞特赞的，但在末后又说上一句："乃海公之砥节砺行，而缙绅（官僚地主阶级）又多遗议，何也？"这样的好官、清官，为什么官僚地主阶级又多说他不好呢？是什么道理呢？

王宏诲也是海瑞的同乡，琼州定安人。海瑞在批评皇帝坐牢以前，王宏诲正在北京，作翰林院庶吉士，海瑞去看他，托其料理后事，关系也很深。

这两个人是海瑞的亲戚、同乡，也许会有人说他们有偏见。再看何乔远所作《海瑞传》和李贽的《海忠介公传》，何乔远和李贽都是福建晋江人，他们的评价和梁云龙王宏诲是一致的。清修《明史》，对海瑞一般很称赞（王鸿绪《明史稿》和《明史》一样），末后论断，也说他："意主于利民，而行事不能无偏云。"用意是为人民谋福利，但是有些偏差。汪有典的《史外》歌颂他的政绩以后，又说他：尝时以为朝廷上的人懦弱无为，都像妇人女子，把人骂苦了。有人恨极了，骂他大奸极诈，欺世盗名，诬圣自贤，损君辱国。他还是不理会。

人民是爱戴海瑞的，他做了半年多应天巡抚（应天府今南京。巡抚是皇帝派遣到地方，治理一个政区的行政长官，巡抚有弹劾地方官吏之权，有指挥驻军之权，权力很大），罢职的时候，老百姓沿街哭着送别，有些人家还画了他的像供在中堂里。死在南京右都御史（中央监察机关的长官）任上的时候，百姓非常哀痛，市面停止了营业，送丧穿戴着白色衣冠的行列，夹着江岸悼祭哀哭的百里不绝。

他晚年到南京做官，被御史（监察官）房寰弹劾，也就是汪有典所引的十六字罪状，引起了统治集团内部一部分青年知识分子的公愤，提出抗议，向皇帝写信申救。吏部办事进士顾允成、彭遵古、诸寿贤这三个人代表这一批人说：

南直隶提学御史房寰本论右都御史海瑞，大奸极诈，欺世盗名，诬圣自贤，损君辱国。……朝野闻之，无不切齿抱愤。……不意人间有不识廉耻二字如房寰者。

臣等自十余岁时即闻海瑞之名，以为当朝伟人，万代瞻仰，真有望之如在天上，人不能及者。

瑞剔历朊仕，含辛茹苦，垂白之年，终不使廪有余粟，囊有赢金。

瑞巡抚南畿时，所至如烈火秋霜，搏击豪强，则权势敛迹，禁绝侵渔，则民困立苏，兴水利，议条鞭，一切善政，至今黄童白叟，皆雅道之。近日起用，海滨无不曰海都堂又起，转相告语，喜见眉睫。

近在留都，禁绝馈送，裁革奢侈，躬先节俭，以至百僚，振风肃纪，远近望之，隐然有虎豹在山之势，英风劲气，振江南庸庸之士风，而濯之以清冷之水者，其功安可诬也。

说他们在十几岁时就知道海瑞是当代伟人，万代瞻仰的人物。海瑞做了多年大官，可是生活朴素，头发白了，没剩什么粮食，也没剩什么钱。做巡抚作为像烈火，像秋霜，打击豪强，有权势的人安分了，禁绝贪污，老百姓可以喘一口气了。兴修水利，贯彻一条鞭新法，这些好事，到现在地方上的老老小小都还想念他。听说海都堂又来了，人们互相告诉，非常喜欢。在南京，他禁止送礼，裁革奢侈，带头节俭，做出榜样，整顿纪纲，远近的人看着，有虎豹在山之势，英风劲气，像一股清冷的水，把江南庸庸碌碌的士风都改变了。这样的功绩，谁能抹杀？

房寰的攻击海瑞，把朝野的人都气坏了。想不到人世间有不识廉耻像房寰这样的人！

据后来另一营救海瑞的徐常吉的揭发，弹劾海瑞的房寰是什么样人呢？官是提学御史（管教育的监察官），人呢？是个大贪污犯。海瑞看到南京官员作风拖拉，偷懒，很不像话，下决心整顿，依明太祖的规矩，把一个犯规的御史打了一顿。御史们怕极了，想法子要赶走这个厉害上司。房寰借出外考试学生的机会，让儿子和亲家大收贿赂，送钱多的就录取，名声极坏。怕海瑞弹劾，先下手为强，就带头反对海瑞，造谣造得简直不像话。

乡官（退休居乡的官僚）是反对海瑞的，因为乡官恨他为百姓撑腰，强迫乡官把侵占的田地退还百姓。

大地主是反对海瑞的，因为海瑞一辈子贯彻一条鞭法，依新法，徭役的编派，人丁居四分之一，田粮居四分之三，农民人口多，大地主田地多，这样就减轻了贫农和中农的负担，大地主占地多，按地完粮，负担自然相应加重了，这怎么能不恨？海瑞一辈子主张清丈，重新丈量田地，把大地主少报的隐瞒的田地都清查出来了，要按地纳税，这怎么能不恨？

现任官员也不满意海瑞，因为赋役银两实行官收官解以后，省去一道中间剥削，百姓虽然得些便益，衙门里却少了一笔收入了，连北京的户部（管税收、财政的部）也很不高兴。海瑞坚持“此事于各衙门人诚不利，于百姓则为甚利”。至于禁止贪污，送礼，直接损害了现任官员们的利益，那就更不用说了。

从嘉靖（世宗）后期经隆庆（穆宗）到万历前期，从海瑞做官之时起，一直到死，这三十多年间，朝廷的首相是严嵩、徐阶、李春芳、高拱、张居正等人，除了严嵩是个大奸臣，李春芳庸庸碌碌以外，其他三个都是有名的宰相，尤以张居正为最。

严嵩不必说了，这个人是不会喜欢海瑞的，其他三个名相为什么也反对这个好官清官呢？

徐阶是严嵩的政敌，是他指使一批中级官员把严家父子参倒的，是他取严嵩地位而代之的。因为搞垮严嵩，很得人心。嘉靖帝死后，他又代草遗诏（遗嘱），革去嘉靖帝在位时一些敝政，名誉很好。但是，这人正是海瑞所反对的乡愿，凡事调停，自居中间，逃避斗争，不肯批评人，遇风转舵，做事圆滑，总留有后路，不肯负责任做好事，也怕坏事沾了边，好比中药里的甘草，什么病都可加上一味，治不好，也坏不了。正因为这样，才能保住禄位，严嵩挤他不掉。也正因为这样，官员们学了样，成为风气。海瑞痛恨这种作风，曾经多次提出批评意见。

当海瑞因为批评嘉靖帝坐牢的时候，嘉靖帝很生气，迟疑了好久，和徐阶商量，徐阶说了些好话，算是保全了海瑞的生命。嘉靖帝死后，海瑞立刻被释放，仍旧做户部主事，不久调兵部，又改任尚宝司丞（管皇帝符玺的官），大理寺丞（管审判的官）。1569年升南京右通政（管接受文件的官），外任为应天巡抚。

徐阶草遗诏改革敝政，是件好事，但是没有和同官高拱商量，高拱很有意见。又有人弹劾高拱，高拱以为是徐阶指使的，便两下里结了仇。1567年有个御史弹劾徐阶的弟弟和儿子都是大恶霸，有凭有据，海瑞没有搞清楚，以为是高拱指使，故意陷害，便和其他朝臣一样，给皇帝写信大骂高拱，要求把他罢斥。不久，高拱就免职了。以后又回来做首相，对海瑞当然痛恨。

徐阶年纪太老，又得罪了当权的太监，1568年7月告老还乡。上一年冬天海瑞到南京，1569年6月任应天巡抚。经过近两年的调查研究，他明白自己偏听偏信，徐阶被弹劾的罪状是确实的。徐家有田四十万亩，是江南第一大地主，徐阶的弟弟和儿子都是人民所痛恨的大恶霸，大部分田地都是侵占老百姓的。他一上任就接到无数告徐家的状子，便立刻下令退田。徐阶也知道海瑞不好惹，勉强退出一部分，海瑞不满意，亲自写信给徐阶，一定要退出大半，才能结案。

徐阶虽然很看重海瑞，但是强迫退田，刺痛了心，恨极了。家人作恶，都有罪证，案是翻不了的。千方百计，都想不出办法，又忍不了这口气。最后有人出主意，定下釜底抽薪之计，派人到北京，走新的当权太监的门路，又重贿了给事中（管弹劾的官）嘉兴人戴凤翔，买他出头弹劾海瑞。戴凤翔家也是地主，亲戚朋友中一些人正在怕海瑞强迫退田。这一来，内外夹攻，戴凤翔弹劾海瑞支持老百姓，凌虐缙绅，形容老百姓像虎像狼，乡官像鱼像肉，被吃得很惨，“鱼肉缙绅”的罪状，加上有内线作主，硬把海瑞赶出了巡抚衙门。

也正是海瑞任应天巡抚这一年，高拱在年底被召还入内阁（拜相），第二年升次相，1571年5月首相李春芳退休，高拱任首相。

1572年6月，高拱罢相，张居正任首相。

在徐阶和高拱的政治斗争中，海瑞对这两个人的看法是不正确的，对徐阶只看到他好的一面，对高拱呢，恰好相反，没有看到他好的一面。许多年后，海瑞自编文集，在骂高拱的信后附记：“一时误听人言，二公心事均未的确。”改变了对两人的看法，也承认了自己的错误。

1572年张居正作了首相，一直到1582年病死为止。

张居正是1567年2月入阁的。1569年海瑞在应天巡抚任上时，他在内阁中是第三名，对海瑞的行政措施不很赞成。虽然张居正在贯彻一条鞭法这一方面和海瑞一致，但是，用行政命令强迫乡官退田，却不能同意。写信给海瑞说：吴中不讲三尺法已经很久了，你一下子要矫以绳墨，当然他们受不了，谣言沸腾，听的人都弄糊涂了。底下说他不能帮什么忙，很惭愧。意思是嫌海瑞太性急，太过火了。1577年张居正父亲死了，按封建社会礼法，是必须辞官回家守孝的，他不肯放弃权位，叫人说通皇帝，照旧在朝办事，叫做“夺情”。这一来激怒了那些保卫封建礼法的正人君子们，认为是不孝，纷纷抗议。海瑞名气大，又敢说敢为，虽然远在广东琼州，苏州一带的文人们却假造了海瑞反对张居正的弹劾信，到处流传。到后来虽然查清楚和海瑞无关，张居正却也恨极了海瑞。有人建议重用海瑞，他都反对。

尽管如此，高拱对海瑞的评论说：海瑞做的事，说是都好，不对。说是都不好呢？也不对。对他那些过激的不近人情的地方，不加调停（纠正）是不好的。但是，要把他那些改革积敝、为民作主的地方都改掉了，则尤其不可。张居正也说：“海刚峰（刚峰是海瑞的字）在吴，做的事情虽然有些过当，而其心则出于为民。”

地主阶级反对海瑞是当然的，例如何良俊，是华亭（松江）的大地主，父亲是粮长，徐阶的同乡。本人是贡生，是个乡官。他家大概也吃过海瑞的苦头，对海瑞是有意见的，说海瑞性既偏执，又不能和人商量（不和大地主商量），喜自用。而且改革太快，所以失败。不说他做的事情好不好，只骂他搞快了。又说海瑞有些风颠，寡深识，缺少士大夫风度。说海瑞只养得些刁诈之人（贫农、中农），至于数百为群，闯门要索，要索不遂，肆行劫夺。若善良百姓（富农、地主），使之诈人，尚然不肯，况肯乘风生事乎！此风一起，士夫之家，不肯买田，不肯放债，善良之民，坐而待毙，则是爱之实陷之死也。怎能说是善政呢？幸亏海公转任了，此风稍息，但是人心动摇，到今天还没有安定下来。骂他搞糟了。

何良俊的《四友斋丛说》序文写于1569年，正是海瑞任应天巡抚这一年。他写的这几条批评，按语气应在1570年和1571年，书大概是这年以后刻的。他尽管站在大地主立场，骂了海瑞，但毕竟不能不说几句公道话："海刚峰不怕死，不要钱，真是铮铮一汉子！"又说："前年海刚峰来巡抚，遂一力开吴淞江，隆庆四年、五年（1570、1571）皆有大水，不至病农，即开吴淞江之力也。非海公肯担当，安能了此一大事哉！”淞江一带乡官兼营工商业，海瑞要加以限制，何良俊认为：“吾松士大夫工商不可谓不众矣，民安得不贫哉！海刚峰欲为之制数度量，亦未必可尽非。”

海瑞也还有几个支持他的朋友，一个是1565年入阁的李春芳，第二年升次相，1568年任首相。海瑞疏浚吴淞江和救灾等工作都曾得到李春芳的支持。另一个是朱衡，从任福建提学副使时，就很器重海瑞，后来做吏部侍郎（管铨叙官吏的副部长）推荐海瑞做兴国知县，户部云南司主事，到做了工部尚书（管建筑工程的部长），还支持海瑞大搞水利。一个是陆光祖，海瑞从兴国知县内调，就是他当吏部文选司郎中（吏部的司长）时的事。

在海瑞闲居家乡的时候，有些支持他的人，纷纷建议起用。这些人虽然不一定是他的朋友，但在事业上可以这样说，是同情和崇敬海瑞的。

海瑞是同官僚地主做斗争的。既然如此，为什么官僚地主中又有人称赞他呢？这一方面是由于海瑞在人民中间的威望，一方面也是由于海瑞的斗争究竟还没有突破封建制度所能容许的限度。海瑞在主观上和客观上都还是忠君爱国的，所以何良俊说："海刚峰之意无非为民，为民，为朝廷也。"他和官僚地主有矛盾的一面，但也有一致的一面，因之，有些官僚地主们在大骂，排挤，攻击之后，也还是说海瑞一些好话。

二、斗争的一生

海瑞的一生是斗争的一生，他反对坏人坏事，不屈不挠，从不灰心丧气，勇敢地把全生命投入战斗。

海瑞，广东琼山人。先世是军人。祖父是举人，做过知县。父亲是廪生，不大念书也不大理家的浪子，在海瑞四岁时便死去了。叔伯四人都是举人，其中一个中了进士，做过御史。

海瑞虽然出生在这样一个官僚家庭，但家境并不好，祖上留下十多亩田地，光收些租子是不够过活的。他母亲谢氏生性刚直严肃，二十八岁死了丈夫，便自己抚育孤儿，做些针线贴补过日子。教儿子读《孝经》《大学》《中庸》这些书。儿子长大了，尽心找严厉通达的先生，督责功课很严格。

这样，海瑞虽然出身于地主阶级，但生活并不宽裕，和穷苦人民接触的机会多，同情贫农、中农，对大地主有反感。另一面，他受了严格的封建教育，遵守封建礼法，在政治上也必然道往古，称先王，维护封建统治阶级的利益。

他不是哲学家，但深受王阳明的影响。当时正是王学盛行的时代，师友中有不少人是王派学者。王学的要点除了主要方面是唯心主义以外，还有提倡知行合一、理论和行动一致的积极方面。海瑞也主张德行属行，讲学属知，德行好的道理也会讲得好，真实读书的人也不肯弃身于小人，知和行决不是两件事。因此，他一生最恨的是知和行不一致的人，这种人明知是好事而不敢做，明知是坏事而不敢反对，遇事站在中间，逃避斗争，甚至脚踏两头船，一味讲调停，和稀泥。这种人他叫作乡愿，客气一点叫甘草。在《乡愿乱德》一文中说："善处世则必乡愿之为而已。所称贤士大夫，不免正道、乡愿调停行之。乡愿去大奸恶不甚远。今人不为大恶，必为乡愿，事在一时，毒流后世，乡愿之害如此！"他以为孟子之功，不在禹下，以恶乡愿为第一。到处揭露乡愿的罪状，在坐牢以前，去看同乡翰林院庶吉士王宏诲，痛心地说："现在医国的只一味甘草，处世的只两字乡愿。"这时候当国的首相便是徐阶。后来他在给徐阶的儿子信里也说："尊翁以调停国手自许，然调停处得之者少，调停处失之者多。"

在《严师教戒》文章中，他指出批评的好处，要求批评，接受批评："若人能攻我之病，我又能受人之攻，非义友耶？"自问自答，提出做人的标准，不白白活下去的意义："有此生必求无忝此生，而后可无忝者。圣人我师，一一放而行之，非今所竞跻巍科，陟朊仕之谓也。……入府县而得钱易易焉，宫室妻女，无宁一动其心于此乎？昔有所操，今或为恼恼者一易之乎？财帛世界，无能屹中流之砥乎？将言者而不能行，抑行则愧影，寝则愧衾，徒对人口语以自雄乎？质冕裳而有媚心焉，无能以义自亢乎？参之衣狐貉而有耻心焉，忘我之为重乎？或疢中而气馁焉，不能长江大河，若浩然而莫御矣乎？小有得则矜能，在人而忌，前有利达，不能无竞心乎？讳己之疾，凡有所事，不免于私己乎？穹天地、亘古今而不顾者，终亦不然乎？夫人非无贿之患，而无令德之难。于此有一焉，下亏尔影，上辱尔先矣。天以完节付汝，而汝不能以全体将之，亦奚颜以立于天地间耶？俯首索气，纵其一举，而终已于卿相之列，天下为之奔趋焉，无足齿也。呜呼！瑞有一于此，不如此死！”大意是人不要白活着，要照着圣人的话，一一学着做。不白活着并不是说要中高科，做大官。你到了府县衙门，弄钱很容易，好房子，美丽的妇女，你会动心吗？从前怎么说的，会动摇吗？钱财世界，你挺得住吗？或者只会说可不会做，白天看自己的影子，晚上在床上都觉得惭愧，只会对人说空话充好人？看见大官想巴结，在穿狐皮袍子的人群中觉得自己寒伧，心虚气馁，说的话不成气派；小有成绩便骄傲起来，别人做了顺利的事，便想抢先；掩盖自己的毛病，干什么都存私心；顶天立地的事业，想也不肯想，要知道没钱不是毛病，没德才是毛病！这些事只要有这么一条，便对不住自己，也对不住祖先！上天生你这个人是完全的，但是你把他弄残缺了，毁了自己，你还有脸活在天地间吗？做了这些事，即使做到卿相，天下人都为你奔走，也是不值得的。唉！我要是犯了以上任何一条过错，还不如死的好。”这是他在做县学教谕时对学生的教约，此后几十年，他的生活、行事都一一照着检查自己，照着做，没有一句话没有做到。

他是个唯心主义者，认为“君子之于天下，立己治人而已矣。立己治人孰为之？心为之，心自知之。若得失，心自致之。虽天下之理无微不彰”。在教学上学王阳明，把“训蒙大意”作为教育方针，在行政措施上，也采用了王阳明的保甲法。

中了举人以后，做福建南平县学教谕（校长），主张学校是师长教学生的地方，教师有教师的尊严，不该向上官磕头。提学御史到学校来了，别的人都跪下，只有他站在中间，像个笔架，以后得了外号，叫笔架博士。

升任浙江淳安知县，反对大地主。

淳安山多地少，地方穷苦。地主往往有三四百亩的田产，却没有分毫的税，贫农收不到什么粮食，却得出百十亩的税差。由之富的愈富，穷的就更穷了。徭役也是十分繁重，每丁少的出一两二钱银子，多的要十几两。弄得“小民不胜，憔悴日甚”。解决的办法是清丈，根据实有土地面积，重新规定赋役负担；是均徭，均是按照负担能力分配，按力量多少分配，没有力量就不要负担了。这样，农民的负担才减轻了些，地主们可不乐意了。

此外，他还做了不少事，改革了许多敝政。几年后，他总结经验，把这些措施编成一部书，叫作《淳安政事》。

特别传诵一时的有两件事。

一件是拿办总督胡宗宪的公子。这位少爷路过淳安，作威作福，吊打驿吏。海瑞没收他带的大量银子，还报告胡总督，此人冒充总督公子，胡作非为，败坏总督官声。弄得胡宗宪哭笑不得，只好自认倒霉。

一件是挡了都御史鄢懋卿的驾。鄢懋卿是严嵩的党羽，以都御史奉命出来巡查盐政，到处贪污勒索，还带着小老婆，坐五彩舆，地方疲于供应。海瑞检了鄢懋卿牌告上两句照例官话，说淳安地方小，容不下都老爷的大驾。牌告说："素性俭朴，不喜逢迎。"但是听到你以前所到地方，铺张供应，并不如此。怕是地方官瞎张罗的缘故。一封信把鄢懋卿顶回去，绕道过去，不来严州了。

连总督、都御史都敢惹，海瑞的名声逐渐传开了。封建时代的老百姓是怕官的，更怕大官。如今居然有不怕大官，敢顶大官的小官，敢替老百姓撑腰说话的小官，这个官自然就得到老百姓的爱戴了。

加上，海瑞很细心，重视刑狱，审案着重调查研究，注意科学证据和人情事理，几年中平反了几件冤狱。上官因为他精明，连邻县的疑难案件也调他会审了。这些案件的判决书后来都收在文集里，小说家剧作家选取了一些，加以渲染，几百年来在舞台上为人民所欣赏。《大红袍》《小红袍》《生死牌》《五彩舆》和一些公案弹词在民间流传很广，叫作公案小说。也正因为公案小说的流传，海瑞在政治上的作为反而被公案所掩盖了。

因为得罪了胡宗宪、鄢懋卿，虽然治理淳安的政绩很好，还是被排挤调职。1562年海瑞升嘉兴通判，鄢懋卿指使党羽弹劾，降职为江西兴国知县。

在兴国一年半，办了不少好事，清丈了田亩，减少了冗官，减轻了人民的负担。其中最快人心的事是反对乡官张鏊。

张鏊作过兵部尚书，在南昌养老享福。张鏊的侄子张豹、张魁到兴国买木材，作威作福，无恶不作。老百姓气苦得很。海瑞派人传讯，他们倚仗叔父威势，不肯来。一天忽然又跑到县衙门大闹。海瑞大怒，拿下张豹，送到府里，反而判处无罪。张鏊出面写信求情，海瑞不理。又四处求情设法，居然这两个坏蛋摇摇摆摆回家去了。海瑞气极，写信向上司力争，终于把这两个坏蛋判了罪。

1564年海瑞做了京官，户部云南司的主事。（户部按布政使司分司，云南司是管这一政区的税收的。）

两年以后，他弄清了朝廷的情况，写信给嘉靖帝，提出严厉批评。指斥皇帝迷信道教，妄想长生，二十多年不上朝，自以为是，拒绝批评，弄得君道不正，臣职不明，吏贪将弱，暴动四起。你自号尧斋，其实连汉文帝也赶不上。嘉靖帝看了，气得发昏，丢在地下，想了又想，又捡起来看，觉得说中了毛病。叹口气说："这人倒比得上比干，只是我还不是纣王啊！"

海瑞早就准备好后事，连棺材都托人买了。嘉靖帝一听说这样，倒愣住了。不过后来还是把他关在牢里。嘉靖帝死后，海瑞被释出狱。

1569年6月，海瑞以右佥都御史巡抚应天十府。应天十府包括现在江苏、安徽两省大部分地方，巡抚驻在苏州。

海瑞投身到一场激烈的斗争中，他要对大地主，对水灾进行斗争。

这一年江南遭到严重水灾，夏秋多雨，田地被淹，粮食涨价，农民缺粮逃亡，情况很不好。

江南是鱼米之乡，号称全国最富庶的地方。但实际上百姓生活很困苦，因为历史的关系，粮、差的负担特别重，加上土地集中的现象这二十年来特别显著，大地主占有的土地越多，人民的生活便越困苦。特别是松江，乡官田宅之多，奴仆之众，两京十二省找不出第二个。一上任，告乡官夺产的老百姓就有几万人。“二十年来，府县官偏听乡官、举人、监生，民产渐消，乡官渐富。”真是苦难重重，数说不完。

怎么办？一面救灾，一面治水。

怎么办？要大地主退田，还给老百姓；贯彻一条鞭法。

救灾采工赈办法，把赈济和治水结合起来。闹灾荒粮食不够吃，请准朝廷，把应该解京的粮食留下一部分当口粮。闹水的原因，经过亲自勘察，是多年来水利不修，吴淞江淤塞了，太湖的水排不出去，一遇特大雨量，便泛滥成灾，得立刻疏浚。说做就做，趁冬闲开工，他坐上小船，到处巡视督工，灾民一来上工有饭吃，二来土程搞好可以解决水患，变为水利，热情很高，进度很快，不到一个月就完工了。顺带地把吴淞江北面常熟的白茆河也疏浚了。这两项工程对人民，对生产好处很大。并且用的钱都是海瑞从各方面张罗来的，没有加重人民负担。以此，人民很喜欢，很感激。

这样，他战胜了灾荒，也兴修了水利。

最困难的还是限制大地主的过分剥削。要大地主退还侵占农民的田地，等于要他们的命，不这样做，农民缺地无地，种什么，吃什么？海瑞采用了擒贼先擒王的办法，先从松江下手，先拿江南最大的地主乡官徐阶兄弟作榜样，勒令退田。这一来，乡官和大地主害怕了，着慌了，有的逃到外州县躲风头，有的只好忍痛退田。李贽记载这一件好事，加以总结，赞扬说："海瑞卵翼穷民，而摧折士大夫之豪有力者，小民始忻忻有更生之望矣！"老百姓有活路了，大地主们却认为是死路。好事才开头，便被徐阶釜底抽薪，海瑞罢职了，贼没全擒到，反而丢了官，这是海瑞所没有预料到的，也是封建社会统治阶级利益所决定的必然的下场。

解决人民生活问题的关键，在海瑞看来，无过于贯彻执行一条鞭法。这个办法不是海瑞创始的，已经有好几十年历史了，并且各地办法也不尽相同。主要的方面是把过去田赋的各项各款，均徭，力差，银差，里甲等等都编在一起，通计一省丁、粮，通派一省徭役，官收官解，除秋粮以外，一律改折银两交纳。简言之，就是把复杂的赋役制度简化了，把实物赋税的大部分改为货币赋税。这个办法不止可以减轻农民的负担，还可以增加国家的收入，并且，在经济发展过程中也是具有进步意义的。例如过去南粮北运，由于当时交通困难，运费由农民负担，往往超过正税很多，现在改折银两，省去昂贵的运输费用，人民的负担也就相应减轻了。又如徭役，实行新法以后，不问银差、力差，只要交了钱，由官府雇工应差，农民也就可以安心生产，不再受徭役的挂累了。这样做，对生产的促进是有好处的。只是对大地主不大好，因为按照新法，大地主有些地方的负担，不是减轻，而是加重了，反对的意见很多。海瑞不顾地主们的反对，坚决执行，终于办成了。成绩是田不荒了，人不逃了，钱粮也不拖欠了，生产发展了。当时的人民很高兴，很感激。后来史家的记载也说："行条鞭法，遂为永利。"

应该指出，一条鞭法并不是摧毁封建剥削制度的办法。但是，这个办法简化了项目和手续，比较地平均了土地的负担，特别是减轻了贫农、中农和城市平民的某些负担，对生产的发展是有益的，因而，也是有民主意义和进步意义的。因此，海瑞是当时人民心目中的好官，是历史上有地位的政治家。

海瑞只做了七个月巡抚，便被大地

主阶级撵下台，在家乡闲居了十六年。

万历十年（1582）六月，张居正死。万历十三年，海瑞已经七十二岁了，被荐任用为南京都察院右佥都御史，还没到任，又调任南京吏部右侍郎。照一般道理说，七十多岁的老人该退休了，但是，他想了又想，好容易才有着实做一点事的机会，虽然年纪大了，精力差了，还是一股子干劲，高高兴兴到南京上任。

明朝体制，南京是陪都，虽然也和北京一样，有五府、六部、都察院等衙门，但不能决定国家大政，是安排年老的和政治上失势官员的地方，比较清闲。海瑞却并不因为闲官就无所作为，一到职就改革敝政，把多年来各衙门出票要街道商户无偿供应物品的陋规禁止了。他说："要南京五城的百姓，负担南京千百个官员的出入用度，难怪百姓苦了！吏部是六部之首，怎么能不先想到百姓？"

当时贪污成为风气，严嵩父子虽然垮了，但从宫廷到地方，依然贿赂公行，横征勒索。海瑞一辈子反对贪污，从做教官时起，就禁止学生送礼，做县官革去知县的常例（摊派在田赋上补贴县官的陋规，一种合法的贪污）。拒绝给上官行贿，有人劝他随和一些，他愤然说："全天下的官都不给上官行贿，难道就都不升官？全天下的官都给上官行贿，又难道都不降官？怎么可以为了这个来葬送自己呢？"又说："充军也罢，忍死罪也罢，都甘心忍受。这等小偷行径，却干不得！”知县上京朝觐，照例可以从里甲、杂项摊派四五百两银子以至上千两银子，以便进京行贿，京官把朝觐年看成是收租的年头。海瑞在淳安任上两次上京，只用了路费银四十八两，其他一概裁革。做巡抚时，拒绝人家送礼，连多年老朋友送的人情也婉言谢绝。做了多年官，过的依然是穷书生的日子。在淳安，有一天买了两斤肉，为他母亲过生日，总督胡宗宪听见了，大为惊奇，当作新闻告诉人。罢官到京听调，穿的衣服单薄破烂，吏部的熟人劝他，才置了一件新官服。祖上留下十多亩田地，除了母亲死时，朋友送一点钱添置一点墓田以外，没有买过一亩地。买了一所房子，用银一百二十两，是历年官俸的积余。死前三天，兵部送来柴火银子，一算多了七钱银子，立刻退回去。死后，同官替他清点遗物，全部家财只有薪俸银一百五十一两（一说只有十多两），绫、绸、绢各一匹，连丧事都是同官凑钱办的，看见这种情景，人们都忍不住掉下眼泪。

海瑞一生积极反对贪污，反对奢侈，主张节俭，生活朴素，是言行一致的极少见的清官。他恨极了贪官污吏，认为这是人民遭受苦难的根源，要根绝贪污，非用重刑不可。相反，像过去那样，准许贪污犯用钱赎罪，是解决不了问题的。建议恢复枉法赃满八十贯（千）处绞的法律。还提到明朝初年，严惩贪污，把贪污犯剥皮的故事。这一来，贪官污吏恐慌了，着急了，生怕海瑞剥他们的皮，联合起来，反对海瑞。

升任都察院右佥都御史以后，海瑞整顿纪纲，援引明太祖时的办法，用板子打御史。贪污犯房寰怕海瑞揭发，弹劾海瑞，把海瑞骂得不像人，引起了三进士的抗议。攻击的和为海瑞申雪的人吵开了，统治阶级内部发生严重争论，当国的宰相呢，依然是徐阶的手法，两面都不支持，也不得罪，不参加斗争，希望“调停”了事。最后，房寰的贪污事实被全盘揭露，遮盖不得了，才把他免职，这已经是海瑞死后的事了。

明末人谈迁记这场争论说：“时

人大为瑞不平，房寰今传三世而绝。”说房寰绝后是因为做了坏事。这虽然是迷信的说法，但是也可以看出当时和以后，有正义感的知识分子是同情海瑞，支持海瑞，歌颂海瑞的。

从当教官时不肯跪接御史时起，一直到建议严惩贪污，海瑞度过了他斗争的一生。

他反对乡官、大地主的兼并；反对严嵩、鄢懋卿的败坏国事，也反对徐阶的“调停”“圆融”，他反对嘉靖帝的昏庸，只求无望的长生，不理国家政事；也反对地方官的额外需索，增加人民痛苦；他反对奢侈浪费；反对乡愿，总之，他反对坏人坏事。虽然他所处的是那样一个时代，还是坚持自己的信念，不屈不挠地斗争到死。

当时人对他的看法，不是说他做的全不对，而是说过火了一些，做过头了，偏了，矫枉过直了！他不同意，反而说就是要过火，就是要过直，不如此，风气变不过来。在给人的信中说：“矫枉过直，古今同之。不过直，不能矫其枉。然生之所矫者，未见其为过直也。”而且，“江南粮差之重，天下无有，古今无有。生至地方，始知富饶全是虚名，而苦楚特甚。其间可为百姓痛哭，可为百姓长太息者，难以一言尽也”。这种情况，光是要大地主退还一点非法侵占的田地，又怎么能说是过火，过直呢？应该说是不够，而不是什么过直。就当时当地的情况说，就当时苦楚特甚，可为痛哭，可为长太息的百姓说，过直应该是好得很，而不是糟得很。

当时农民暴动已经发生了。他把农民暴动的原因，明确指出是因为官坏："广寇大都起于民穷，民穷之故多端，大抵官不得其人为第一之害。"慨叹地说："今人居官，且莫说大有手段，可为百姓兴其利，除其弊。止是不染一分一文，禁左右人不得为害，便出时套中高人者矣。"把对官的要求降低到不求做好事，只要不做坏事，不贪污，也就难得了。又说："今人每谓做官自有套子，比做秀才不同，不可苦依死本。俗人俗见，谬妄之甚！区区惟愿……执我经书死本，行己而已。如此不执，虽熟人情，老世故，百凡通融，失己失人，全无用处。”痛斥当时的社会风气，在思想上进行坚决的斗争。

当然，光是执经书死本，说往古，道先王，是解决不了当前的问题的。要求官吏不落时套，不做坏事，不贪污，不讲人情世故，不百凡通融，而不从社会的根本变革出发，也是不可能成功的。同样，不改变生产关系，简单地要求大地主退还侵占农民的部分田地，少剥削些，农民的苦楚减轻一些，无论事实上做不到，即使做到了，也还是封建的剥削的社会，地主和农民的关系依然不变，问题还是没有解决，也是不可能解决的。在当时情况下，这是不可能解决的社会矛盾。海瑞虽然感觉到问题严重，必须坚决地和坏人坏事进行斗争，但是，他没有也不可能从本质上认识和解决这个矛盾。这是时代的矛盾，也是海瑞被大地主阶级的代表们所排挤、攻击，而又取得另一部分地主阶级同情、支持的道理。

海瑞是封建统治阶级的左派，和右派及中间派进行了长期的斗争。尽管遭受多次失败，有时候很愤慨，说出了“这等世界，做得成甚事业”的气话。但在闲居十六年以后，有重新做事业的机会，他又以头童齿豁的高年参加了。不气馁，不服老，不怕挫折，真是“铮铮一汉子”。

三、海瑞的历史地位

海瑞在当时，是得到人民爱戴，为人民所歌颂的。

他反对贪污，反对奢侈浪费，主张节俭，搏击豪强，卵翼穷民，主持清丈田亩，贯彻一条鞭法，裁革常例，兴修水利，这些作为对农民，特别对贫农、中农是有利的，农民爱戴他，歌颂他是很自然的。他对城市人民，主要是商户，裁减里甲负担，禁止无偿供应物品等等，这些措施对减轻城市工商业者的负担，是有好处的。城市人民爱戴他，歌颂他，也是很自然的。此外，他还注意刑狱，特别是人命案件，着重调查研究，在知县和巡抚任上，都亲自审案，处理了许多积案，昭雪了许多冤狱。对农民和地主打官司的案件，他是站在农民一边的。海知县、海都堂是当时被压抑，被欺侮，被冤屈人们的救星。他得到广大人民的称誉，赞扬，被画像礼拜，被讴歌传颂，死后送丧的百里不绝。他的事迹，主要是审案方面的故事，一直到今天，还流传在广大人民中。

尽管海瑞在他的时代，曾经遭受攻击，排挤，辱骂，坐过牢，丢过官，但是，就封建统治阶级内部来说，他也还是被一部分人所歌颂的，赞扬的。不只是有些青年人仰慕他，以为是当代伟人，连某些反对他的人，大地主阶级的某些代表人物，如高拱、张居正、何良俊等人，都不能不对他说一些好话。死后，被谥为忠介，皇帝派官祭奠，祭文里也说了一大堆赞扬肯定的话。当时的史家何乔远、李贽都写了歌颂他的传记。清修明史也把他列入大传，虽然说他行事不能无偏，有些过火，但又说他从做知县一直到巡抚，做的事用意主于利民，也是肯定的。

海瑞在历史上是有地位的。

这样的历史人物，从今天来说，建设社会主义的新时代，该不该肯定，该不该歌颂？

答案是应该肯定，应该歌颂。

评价历史人物，应该从当时当地的情况出发，应该从这个人的作为是否有利于当时的人民，当时的生产出发。从以上的分析，从明朝嘉靖到万历初期这几十年间，从当地，海瑞作过官的地区，江苏、安徽、浙江、江西、福建，那时代那地区的人民，以至更广大地区的人民，是爱戴、歌颂海瑞的。反对他的人也有，只是极少数的大地主大官僚。他的主张和措施，有利于当时人民，有利于当时生产，而不利于某些大地主的兼并，不利于某些大地主的逃避赋役，转嫁给穷苦人民的恶劣勾当。

为广大人民所爱戴、歌烦，为少数大地主大官僚所攻击、反对，这样的人物，难道还不应该为我们所肯定，所歌颂吗?

我们肯定、歌颂他一生反对坏人坏事；肯定、歌颂他一生反对贪污，反对奢侈浪费，反对乡愿；我们肯定、歌颂他一生处处事事为百姓设想，为民谋利；我们肯定、歌颂他一生不向困难低头，百屈不挠的斗争精神；我们肯定、歌颂他一生言行一致，里外如一的实践精神。这些品质，都是我们今天所需要学习和提倡的，而且只有社会主义时代，这些品质才能得到充分的发扬，虽然我们今天需要的海瑞和封建时代的海瑞在社会内容上有原则的不同。

在今天，建设社会主义社会的今天，我们需要站在人民立场，工人阶级立场的海瑞，为建成社会主义社会而进行百折不挠斗争的海瑞，反对旧时代的乡愿和今天的官僚主义的海瑞，深入群众、领导群众、鼓足干劲、力争上游的海瑞。

这样，封建时代的海瑞，还是值得我们今天学习的。

但是，决不能也不许可假冒海瑞，歪曲海瑞。海瑞是站在人民方面的，一生反对坏人坏事，从没有反对过好人好事。即使在徐阶和高拱的斗争中，他没搞清楚，对徐阶只看到好的一面，不知道他坏的一面，对高拱只知道他的缺点，没有弄明白他的政治品质好的一面，做了错误的支持和抨击。但是，几年以后，弄清楚了，就自己检查，承认了错误，并且在行动上改正了这个错误。

有些人自命海瑞，自封“反对派”，但是，他们同海瑞相反，不站在人民方面，不站在今天的人民事业——社会主义事业方面，不去反对坏人坏事，却专门反对好人好事，说这个搞早了，搞快了，那个搞糟了，过火了，这个过直了，那个弄偏了，这个有缺点，那个有毛病，太阳里面找黑子，十个指头里专找那一个有点毛病的，尽量夸大，不及其余，在人民群众头上泼冷水，泄人民群众的气。这样的人，专门反对好人好事的人，反对人民事业的人，反对社会主义事业的人，不但和历史上的海瑞毫无共同之点，而且恰好和当年海瑞所反对而又反对海瑞的大地主阶级代表们的嘴脸一模一样。广大人民一定要把这种人揪出来，放在光天化日之下，大喝一声，不许假冒！让人民群众看清他们的右倾机会主义的本来面目，根本不是什么海瑞！

这样看来，研究海瑞，学习海瑞，反对对于海瑞的歪曲，是有益处的，必要的，有现实意义的。

一九五九年九月十七日

出版说明

“新编历史小丛书”承自上世纪60年代吴晗策划的“中国历史小丛书”，其中不少名家名作是已经垂之经典的作品，一些措辞亦有写作伊初的时代特征。为了保持其原有版本风貌，再版过程中不做现代汉语的规范化统一。读者阅读时亦可从中体会到语言变化的规律。

新编历史小丛书编委会

图书在版编目（CIP）数据

海瑞的故事 / 吴晗著. — 北京：北京人民出版社，2019.5

（新编历史小丛书）

ISBN 978-7-5300-0365-7

Ⅰ. ①海… Ⅱ. ①吴… Ⅲ. ①海瑞（1514-1587）—传记 Ⅳ. ①K827=48

中国版本图书馆 CIP 数据核字（2017）第 056972 号

责任编辑　高立志　严　艳
责任印制　陈冬梅

新编历史小丛书

海瑞的故事

HAI RUI DE GUSHI

吴　晗　著

出　　版　北京出版集团公司
　　　　　北京人民出版社
地　　址　北京北三环中路 6 号
邮　　编　100120
网　　址　www.bph.com.cn
总 发 行　北京出版集团公司
印　　刷　北京汇瑞嘉合文化发展有限公司
经　　销　新华书店
开　　本　880 毫米 ×1230 毫米　1/32
印　　张　4.25
字　　数　18 千字
版　　次　2019 年 5 月第 1 版
印　　次　2021 年 6 月第 4 次印刷
书　　号　ISBN 978-7-5300-0365-7
定　　价　24.80 元

如有印装质量问题，由本社负责调换
质量监督电话　010-58572393